Jutta Langreuter
Teddygeschichten für 3 Minuten

Jutta Langreuter

Teddygeschichten für 3 Minuten

Mit farbigen Bildern
von Jutta Garbert

EDITION
BÜCHERBÄR

In neuer Rechtschreibung

1. Auflage 2003
© Edition Bücherbär im Arena Verlag GmbH, Würzburg 2003
Alle Rechte vorbehalten
Einband und Illustration: Jutta Garbert
Gesamtherstellung: Westermann Druck Zwickau GmbH
ISBN 3-401-08410-0

Inhalt

Teddy fliegt zum Mond

Es ist schon ziemlich spät. Annika und Michi schlafen schon. Die Puppe Lisa-Marie und die Kuscheltiere schlafen auch, bis auf einen: Teddy. Vorsichtig rüttelt er Lisa-Marie. »Was ist denn?«, murmelt Lisa-Marie.

»Komm mit, wir fahren zum Mond«, sagt Teddy.

Lisa-Marie reißt ihre hübschen Klimperaugen auf: »Bist du verrückt?«, fragt sie.

»Ja, wir fahren zum Mond«, sagt Teddy wieder.

»Ich lass doch Annika nicht alleine!« Lisa-Marie klappt ihre Augen wieder zu.

»Aber es ist nur für eine Nacht«, sagt Teddy.

»Na gut, dann ja«, sagt Lisa-Marie.

Und so wecken sie die anderen auf.

»Ich wollte schon immer mal zum Mond«, schwärmt Schlafhase.

»Es geht nur, weil heute Nacht das Fenster offen ist«, flüstert Teddy.

»Ich will dann aber auch mit«, sagt Stelzchen Storch.

»Ich bleibe lieber hier«, meint Hundelein.

»Ach, komm doch mit«, bitten ihn die anderen.

»Nein«, sagt Hundelein.

Teddy schiebt einen Stuhl ans Fenster: »Jetzt bringt mir mal den leeren Karton, wo Michis Traktor drin war.« Stelzchen Storch schnappt den Karton mit seinem Schnabel und Schlafhase schiebt ihn ein wenig.

Vom Stuhl aus zieht Teddy den Karton auf das Fensterbrett. »Da passen wir doch alle rein, oder?«, fragt er.

»Fahren wir damit zum Mond?«, fragt Schlafhase.

»Na klar«, antwortet Teddy. »Ich hab mir alles gut überlegt. Wir brauchen natürlich auch noch Helme.«

»Wozu das denn?«, fragt Stelzchen Storch.

»Alle Mondfahrer haben Helme auf«, meint Teddy, »ist doch ganz klar. Denn die schützen vor den Mondstrahlen. Unsere Helme hab ich schon aus der Küche geholt. Da!«

»Dieser Apfelsinenmüll etwa?«, fragt Lisa-Marie verwundert.

»Das sind leere Apfelsinenschalen vom Saftmachen«, sagt Teddy, »ideale Helme, passt doch, oder?«

Stelzchen Storch pickt die letzten Apfelsinenreste aus den Schalen.

»So, jetzt geht es«, sagt er. »Euch passen diese Helme. Mir aber nicht.«

»Vögel brauchen gar keinen Helm«, sagt Teddy, »die fliegen ja sowieso schon immer so hoch in der Luft.«

»Ich zieh diesen Helm nur an, wenn er ganz sauber ist«, meint Lisa-Marie.

»Ist er doch, hier«, sagt Stelzchen Storch.

»Jetzt setzen wir uns in unser Raumschiff«, bestimmt Teddy.

»Hundelein, für dich ist auch noch Platz«, ruft Schlafhase runter, »auch ein Helm ist noch für dich da.«

Aber Hundelein sagt gar nichts.

»Es kann losgehen«, ruft Teddy.

»Müssen wir nicht auf irgendetwas drücken?«, fragt Stelzchen Storch.

»Nein, ich brauche nur mit Michis gelbem Farbstift zum Mond zu zeigen, dann fahren wir schon los«, antwortet Teddy. »Wo ist denn der Stift?«

»Halt, ich will doch mit«, ruft Hundelein, macht einen Sprung und ist auch schon im Karton gelandet.

Teddy schiebt das Fenster weiter auf, deutet mit dem Stift auf den Mond und dann geht es los.

Es wird ein sehr aufregender Flug.

»Mir wird ein bisschen schwindelig«, ruft Schlafhase.

Auf einmal ist eine Wolke vor dem Mond und der Karton fängt an zu schwanken.

»Oh weh!«, ruft Teddy. »Wir haben die Verbindung zum Mond nicht mehr! Wir fallen!«

Aber dann ist die Wolke wieder weg und sie steigen weiter zum Mond auf.

»Ich friere«, sagt Lisa-Marie.

»Das ist normal hier oben«, sagt Teddy.

Und dann landen sie ganz sanft auf dem Mond. Sie steigen alle aus dem Karton. »So etwas Schönes hab ich noch nie gesehen«, staunt Lisa-Marie.

»Und vergesst nicht Mondsteine zu sammeln!«, fordert Teddy.

»Alles ist so weich und glänzend hier«, sagt Schlafhase.

»Ich finde, hier riecht es sogar nach Vanilleeis«, meint Hundelein.

»Ja, das hat ja auch dieselbe Farbe wie der Mond«, flüstert Stelzchen Storch.

»So, ihr Lieben, jetzt müssen wir wieder zurück«, fordert Teddy alle auf.

»Müssen wir wirklich schon wieder los?«, fragt Lisa-Marie.

»Jaa«, sagt Teddy, »denn auf dem Mond darf man immer nur für ganz kurze Zeit bleiben.«

Seufzend steigen sie alle in den Karton zurück.

»Auf Wiedersehen, Mond«, sagt Lisa-Marie.

»Auf Wiedersehen, ihr Lieben«, ruft der Mond.

Ganz leicht schweben sie wieder auf die Erde zurück und setzen sanft auf dem Fensterbrett des Zimmers von Annika und Michi auf.

»War das schön«, seufzen sie alle.

Und die Mondsteine haben sie dabei, als wunderschöne Erinnerung an ihren Flug zum Mond.

»Wieso liegen denn hier lauter Apfelsinenhälften rum«, schimpft Mama am nächsten Morgen.

»Oh, vielleicht bin ich wieder geschlafwandelt«, sagt Annika, »und hab irgendwelchen Unsinn gemacht.«

Da schauen sich die Puppe Lisa-Marie und die Kuscheltiere an und lächeln geheimnisvoll.

Teddy Bruno hat Bauchweh

Es ist Nacht.

Der dicke, runde Mond schaut in das Fenster, direkt in das Kinderzimmer von Leonie und David.

Was ist los? Wer tuschelt da?

Die Kuscheltiere rufen und flüstern sich was zu.

Auf Leonies Bett sitzen die Puppe Anna und Teddy Bruno.

In Davids Arm liegt Nilpferd Klops und Schäfchen sitzt auf Davids Beinen. David ist Leonies Bruder.

»Was ist los?«, flüstert Schäfchen.

»Teddy Bruno hat Bauchweh«, ruft Anna.

»Ganz schlimm«, stöhnt Teddy Bruno.

»Soll ich dir den Bauch massieren?«, fragt Anna.

»Auf gar keinen Fall«, stöhnt Teddy Bruno.

»Das hilft aber«, sagt Anna. »Weißt du noch, wie ich im

Schnee lag, kurz vor Weihnachten, die ganze Nacht über, das war so kalt – da hatte ich auch Bauchweh.«

»Ich liege aber nicht im Schnee«, seufzt Teddy Bruno.

»Ja, aber als Leonie mich gefunden hat, hat sie meinen Bauch massiert und da war alles wieder gut«, meint Anna.

Da kommt Schäfchen von Davids Bett herüber: »Du brauchst Wärme, Teddy Bruno«, sagt es und legt sein rotes Halstuch auf Teddy Brunos Bauch.

Auch Nilpferd Klops hüpft auf Annikas Bett und fasst Teddy Brunos Stirn an.

»Nicht heiß«, sagt es, »kein Fieber.«

»Seine Nase musst du anfassen«, rät ihm Schäfchen.

»Auch nicht heiß«, sagt Nilpferd Klops.

Teddy Bruno stöhnt wieder.

Anna holt die Decke aus dem Puppenwagen: »Das tun
wir auch noch auf deinen Aua-Bauch«, sagt sie.

Alles bewegt sich auf einmal, denn Leonie hat sich um-
gedreht.

»Psst, leise, ihr weckt ja Leonie auf«, mahnt Schäfchen.

»Als David mal Bauchweh hatte, wisst ihr noch, als er
die vielen Kirschen gegessen hatte, da musste er auch
den Bauch ganz warm haben«, meint Schäfchen.

An der Bettdecke zieht und zerrt etwas.

Es ist Nilpferd Klops, es bringt ein großes Kissen von
Davids Bett mit.

»Das muss auch noch auf den Bauch«, sagt es.

Voll gepackt liegt Teddy Bruno da.

»Jetzt hab ich Bauchweh und Luft bekomme ich auch nicht mehr«, japst er.

»Du rührst dich nicht vom Fleck«, meint Schäfchen streng.

»Du willst doch gesund werden, oder?«, meint Anna.

Teddy Bruno stöhnt weiter.

Die anderen sitzen um ihn herum und schauen ihn an.

»Na, weg?«, fragt Schäfchen.

»Nein«, sagt Teddy Bruno, »das geht nicht so schnell weg.«

»Woher hast du überhaupt Bauchweh?«, fragt Anna.

»Ich weiß es nicht«, sagt Teddy Bruno, »aber eines weiß ich, das alles muss jetzt hier runter!«

Mit einem großen Schubs schiebt er Davids Kissen, die

Decke vom Puppenwagen und Schäfchens Halstuch von seinem Bauch.

Dann kriecht er hoch zu der schlafenden Leonie, kuschelt sich neben sie und legt ganz vorsichtig ihre Hand auf seinen Teddybauch.

So liegt er eine Weile da.

Noch immer sitzen die anderen um ihn herum.

»Na?«, fragt Nilpferd Klops.

»Schon viel besser jetzt«, lächelt Teddy Bruno. »Die Bauchschmerzen sind fast weg.«

»Sag ich ja, es ist die Wärme auf dem Bauch, das hilft«, meint Schäfchen.

»Nein, es ist, weil es die Hand von Leonie ist«, flüstert Teddy Bruno.

In letzter Minute

Und was für eine schreckliche Sache ist da letzten Ur-
laub passiert? Mit Teddy Braunbär und Fuchs Niklas?
Die Geschwister Stella und Jonas und ihre Eltern sollten von einem Hotel in ein anderes umziehen. Und damit dieser Umzug für Stella und Jonas nicht so langweilig wird, sollten sie beide morgens auf Ponys reiten.
Dahin darf man kein Schmusetier mitnehmen, mit einem Teddy auf dem Pony reiten – das geht irgendwie
nicht.
Schon früh haben Mama und Papa sie zum Ponyhof ge-
bracht.
Das Gepäck war schon fertig gepackt und das Bettzeug
abgezogen. Aber Teddy Braunbär und Fuchs Niklas saßen nebeneinander unter der Bettdecke, weil Stella vorher noch mit ihnen Gruselschloss gespielt hatte.

Und jetzt kommt eine dicke Frau aus dem Hotel, um die Bettwäsche mitzunehmen. Sie nimmt mit einem Rundgriff die Wäsche mitsamt den Laken und den Schmusetieren und stopft alles in einen Wagen.

»Was ist los?«, fragt Teddy Braunbär.

»Ich seh nichts«, klagt Niklas Fuchs.

»Überall ist Bettwäsche«, sagt Teddy Braunbär.

»Ja, ich hab lauter Bettwäsche im Mund«, murmelt Niklas Fuchs.

»Was passiert mit uns?«, fragt Teddy Braunbär. »Wohin werden wir gefahren?«

Erst mal werden sie mit dem Aufzug in den Keller gefahren, wo noch ein anderer Wagen mit Bettwäsche ist. Und im Keller passiert erst mal gar nichts.

Teddy Braunbär kann sich und Niklas ein bisschen befreien. Sie schauen sich im Keller um.

»Ist das dunkel hier«, sagt Teddy Braunbär.

»Hoffentlich kommt Jonas bald«, jammert Niklas Fuchs.

»Wie gut, dass wir zusammen sind«, sagt Teddy. »Was wird denn hier überhaupt passieren?«

»Ich weiß es – oh weh!«, sagt Niklas. »Siehst du das da unten, das Große da?«

»Dieser komische Schrank? Keine Ahnung«, sagt Teddy.

»Sieh doch dieses runde Fenster!«, ruft Niklas. »Das ist

eine ganz, ganz große Waschmaschine! Da drin wird die Wäsche rumgeschleudert.«

»Ja und, da wird die Bettwäsche drin gewaschen, was ist denn dabei«, sagt Teddy Braunbär.

»Und wir mit! Wir werden mitgewaschen! Wenn uns niemand vorher findet!«, schreit Niklas. »Es wird sich alles drehen, meine rote Farbe wird abgehen. Ich kann diese Hitze gar nicht vertragen.«

»Meine Farbe wird vielleicht auch abgehen«, seufzt Teddy, »und womöglich gehen auch meine Augen ab, und wer trocknet mich wieder? Danach seh ich nicht mehr so hübsch aus.«

»Und ich bin so schwindelig«, jammert Niklas, »wenn sich die ganze Wäsche dreht, oh weh.«

»Und wenn wir dann so nass und hässlich aus der Waschmaschine rauskommen«, überlegt Teddy, »dann werden wir weggeworfen.«

»In den Müll, wo es so stinkt«, sagt Niklas Fuchs, »und Stella und Jonas – zu denen kommen wir dann gar nicht mehr, oder?«

»Das darf nicht passieren, wir müssen gefunden werden!«, ruft Teddy.

»Hier im Düsteren mitten in dem Wäschehaufen findet uns doch keiner«, seufzt Niklas Fuchs.

»Ich hab eine Idee«, sagt Teddy. »Ich stürze mich jetzt

aus diesem Wagen, dann findet mich der, der hereinkommt.«

Mühsam klettert Teddy aus dem Wäscheberg und lässt sich dann aus dem Wagen fallen.

Inzwischen suchen Stella und Jonas verzweifelt nach ihren Stofftieren. Im neuen Hotelzimmer, im alten Zimmer, in den Schränken, Kommoden, unterm Bett und im Koffer.

»Wo habt ihr sie denn zuletzt gesehen?«, fragt Mama.

»Unter der Bettdecke hab ich mit ihnen Gruselschloss gespielt«, ruft Stella.

»Ach so!«, ruft Papa. »Da hab ich eine Idee.«

Im Keller des Hotels passiert lange gar nichts. Aber irgendwann geht die Tür auf und die dicke Frau von vorhin kommt wieder.

Jetzt, jetzt muss sie mich doch sehen!, denkt Teddy.

Erst mal geht die Frau zu der großen Waschmaschine und macht die Luke auf, in die man die Wäsche stopft.

Die Frau kommt jetzt ganz nah an unseren Wagen, denkt Teddy Braunbär, jetzt! Jetzt muss sie mich sehen! Aber sie sieht ihn nicht!

Sie nimmt schon die Wäsche, in der Niklas ist, in die Arme, um sie in die Maschine zu stopfen, da geht die Tür auf.

»Nein! Nichts machen, aufhören«, ruft Papa.

»Da liegt ja Teddy Braunbär!«, schreit Jonas und hebt Teddy auf.

»Dann ist Niklas Fuchs auch hier, vielleicht schon in der Waschmaschine«, kreischt Stella.

Ganz schnell haben sie Niklas Fuchs gefunden.

»Das war in letzter Minute«, sagt Jonas.

Das war jetzt wirklich wie im Gruselschloss, denkt Teddy Braunbär.

Wie Teddy ein Teddy wurde

»Michi«, sagt Annika abends im Bett.

Michi antwortet nicht.

»Michi?«, fragt Annika wieder.

»Mm«, macht Michi, er ist gerade so schön dabei, einzuschlafen.

»Kann ich heute mal mit Schlafhase schlafen?«

»Mm«, macht Michi wieder. Hat er Annika überhaupt gehört?

Annika tapst aus ihrem Bett, nimmt sich Schlafhase von Michis Kissen und nimmt ihn in ihren Arm. Dann legt sie sich wieder in ihr Bett.

»Der ist nämlich so kuschelig«, sagt Annika.

Na, damit hat sie aber was angerichtet!

Als Erstes ist Teddy schon mal sehr beleidigt. Aber auch die anderen Schmusetiere sind es. Auch die Puppe Lisa-Marie trifft es sehr. Sie ist nämlich eine harte Puppe und gar nicht kuschelig und daran kann sie ja nichts ändern.

»Ich möchte mal wissen, was so besonders kuschelig an Schlafhase ist, was ich nicht auch habe«, sagt Teddy, »mein Fell ist doch auch weich.«

»Aber dein Fell ist auch ein wenig ruppelig«, sagt Lisa-Marie.

»Na ja, ich bin ja nicht neu!«, sagt Teddy.

»Wie war das denn, als du neu warst?«, fragt Hundelein vom anderen Bett her.

»Na ja, das Erste, woran ich mich erinnern kann, war, als wir Teddys alle in der Fabrik waren. Und wie ich gerade die Augen eingesetzt bekam.«

»In was für einer Fabrik?«, fragt Stelzchen Storch.

»Na ja, es war schon so was wie eine Fabrik«, sagt Teddy. »Es war ein Zimmer und da saßen so ein paar Leute drin und jeder hatte so einen Teddy auf seinem Tisch vor sich. Die Teddys wurden gestopft, zugenäht, der Kopf wurde eingesetzt und . . .«

»Igitt«, unterbricht ihn Schlafhase, der in Annikas Arm liegt.

»Ich denke, du schläfst längst«, meint Lisa-Marie zu Schlafhase.

»Wie soll man bei eurem Gerede schlafen«, murmelt Schlafhase, »und weiter?«

»Na ja, ich hatte einen alten Mann, der sich um mich kümmerte«, fährt Teddy fort. »Nachdem ich die Augen hatte, wurde mein Fell noch ein bisschen zurechtgeschnitten, und das war's. Wir fertigen Teddys kamen in ein Zimmer und saßen dort nach Farben geordnet eine Weile herum. Es war sehr langweilig. Eines Tages wurden wir zu sechst in einen Karton eingepackt.«

Teddy überlegt ein bisschen.

»Und dann?«, fragt Stelzchen Storch aufgeregt.

»Dann war er in einem Geschäft, ist doch klar«, antwortet Hundelein, »bei mir war es doch genauso.«

»Stimmt«, sagt Teddy. »Nach und nach wurden die Teddys verkauft, bis ich und ein brauner noch übrig waren.

Und dann kauften die Eltern von Annika und Michi den braunen Teddy.«

»Wie? Was?«, fragt Stelzchen Storch entsetzt.

»Na ja, sie waren schon aus dem Laden, als sie wieder zurückkamen und doch den hellen Teddy wollten. Und der war ich.«

»Du bist aber gar nicht mehr so hell«, meint Lisa-Marie und schaut ihn von oben bis unten an.

»Hab ich doch vorhin gesagt«, sagt Teddy, »ich bin ja auch nicht mehr neu.«

»Und dann? Und dann?«, fragt Schlafhase.

»Na ja, dann war ich noch eine Weile in einem Schrank hier in der Wohnung, und als Annika dann Geburtstag hatte, war ich ihr Geschenk.« Alle schweigen.

»Nein, war Annika noch klein damals! Und so süß!«, seufzt Teddy.

»Stimmt, ich erinnere mich daran«, sagt Hundelein.

In diesem Moment wacht Michi mit einem Ruck auf.

»Wo ist denn Schlafhase?«, murmelt er.

Er fühlt, ob Schlafhase runtergefallen ist.

Dann steht er auf, geht zu Annikas Bett, nimmt ihr Schlafhase aus dem Arm, drückt Teddy hinein und rückt Lisa-Marie in Annikas anderem Arm zurecht.

In seinem Bett kuschelt er sich an Hundelein, Stelzchen Storch und Schlafhase. Nun ist wieder alles in Ordnung.

Teddy Tom ist verschwunden

Als Teddy Tom von dem fremden, kleinen Mädchen Carolina hochgehoben und in den Arm genommen wird, da hat er gleich schon so ein komisches Gefühl.

Natürlich mag Teddy Tom alle Kinder – aber bei Carolina weiß er, die lässt ihn nicht mehr los. Und auf einmal sind sie schon nicht mehr in der Wohnung.

Nein!, denkt Teddy Tom. Zurück! Ich will zurück! Ich gehöre doch Monika, ich will doch gar nicht die Straße da langgehen.

Aber sie steigen sogar in die Straßenbahn ein.

Immer weiter kommen sie weg von zu Hause!

Was wird Monika denken, wenn er nicht mehr da ist!

Da steigt eine liebe, alte Frau in die Straßenbahn ein.

Sie gibt Carolina andauernd einen Kaubonbon und der

muss immer ausgepackt werden – mit beiden Händen – und da wird Teddy Tom mal eben auf einen freien Sitz gelegt.

»Wir müssen ja raus«, ruft Carolinas Mama auf einmal an einer Haltestelle, schnappt ihre Tochter und beide steigen aus.

Und Teddy Tom bleibt allein zurück.

Oh weh! Teddy Tom bekommt schon ganz schön Angst, denn er denkt: Niemand hier weiß, wo ich wohne. Niemand hier weiß, wohin man mich bringen muss! Ich muss doch zurück zur Puppe Gabi und den Schmusetieren. Ich muss doch zurück in die Arme von meiner Monika!

Und als Teddy Tom an Monika denkt, da werden seine kugelrunden Knopfaugen schon ein bisschen nass.

Teddy Tom versteht nämlich, dass er jetzt der einsamste Teddy auf der ganzen Welt ist.

Und das stimmt. Viele Leute setzen sich neben ihn, manche beachten ihn gar nicht und die, die ihn beachten, kümmern sich nicht um ihn.

Dann wird er einmal von einem kleinen Jungen in den Arm genommen.

»Pfui«, sagt seine Mutter, »leg den Teddy sofort wieder weg, der ist ja ganz dreckig!«

Und ein alter Mann mit Brille setzt sich aus Versehen kurz auf ihn drauf.

Große Schuljungen kommen und wirbeln ihn durch die Luft – das ist auch nicht gerade so schön für Teddy Tom.

Ein Hund schnüffelt an ihm herum. Was will der denn?

Dann kommt ein sehr großer Junge, hebt Teddy Tom hoch und fragt: »Wem gehört dieser Teddy hier? Wer hat seinen Teddy verloren?«

Aber niemand meldet sich und da nimmt ihn der große Junge mit nach Hause.

»Aber Daniel, was willst du denn noch mit einem Teddy?«, lacht seine Schwester.

»Den hat jemand in der Straßenbahn liegen lassen«, antwortet Daniel.

»Oh weh«, sagt seine Schwester, »da wird ein Kind jetzt aber bestimmt sehr traurig sein.«

»Ich verkauf ihn am Samstag auf dem Flohmarkt für sechs Euro«, sagt Daniel.

Solange setzt er Teddy Tom auf seinen Schreibtisch.

Teddy Tom schaut sich um, kein anderes Schmusetier, mit dem er sprechen könnte, nur Bücher und Hefte sind da.

Die ganze Zeit ist Teddy Tom sehr, sehr traurig.

Jetzt bei Monika sein, denkt er, jetzt mit den anderen Schmusetieren zu Hause sein – wie wär das schön!

Dann kommt der Samstag und Daniel nimmt ihn mit zum Flohmarkt.

Hoffentlich kauft mich wenigstens ein nettes, kleines Kind, denkt Teddy Tom ganz traurig. Wenn ich schon nicht zu Monika zurückkann.

Aber es interessieren sich gar nicht so viele Kinder und Mamas für ihn, sondern ältere Männer und ältere Frauen.

»Das sind Händler, die kaufen Teddys, um sie wieder teurer zu verkaufen«, sagt Daniel zu Teddy Tom.

Viele wollen für Teddy Tom weniger bezahlen, als Daniel verlangt, aber Daniel verkauft ihn nicht.

Dann kommt ein alter Mann, der will für Teddy Tom mehr bezahlen, als Daniel überhaupt wollte.

Daniel überlegt lange. »Diesen Teddy verkaufe ich gar nicht«, sagt er auf einmal und legt ihn zur Seite.

Zu Hause fragt ihn seine Schwester: »Du hast ja den Teddy gar nicht verkauft?«

»Ich hab mich an ihn gewöhnt, das ist jetzt mein Teddy«, grinst Daniel.

Da freut sich Teddy Tom ein bisschen. Er ist zum Glück nicht verkauft worden!

Und Daniel mag er ja schon ein kleines bisschen. Jedenfalls kann er Daniel jetzt ständig zuschauen, wenn er arbeitet.

Aber Monika – an Monika darf Teddy Tom gar nicht denken.

Nach ein paar Tagen kommt Daniels Schwester mit einer Zeitung in der Hand zu Daniel:

»Hier, lies mal! Es ist ein Teddy verloren gegangen – das ist bestimmt dein Teddy«, sagt sie, »du musst ihn zurückgeben, Daniel.«

»Nö, jetzt ist es mein Teddy«, sagt Daniel und wuschelt Teddy Tom über das Gesicht, »den behalte ich.«

»Aber Daniel«, sagt seine Schwester, »hier steht was von einer Monika, denk doch daran, wie lieb sie ihren Teddy hat, das kannst du doch nicht machen.«

Monika? Teddy Toms Herz jubelt. Ja, ich gehöre Monika, denkt er freudig.

Daniel überlegt eine ganze Weile.

»Na schön«, grinst er.

Abends legt er Teddy Tom in seinen Rucksack, schaut sich noch mal die Adresse in der Zeitung an, fährt wieder mit der Straßenbahn und dann geht er die Stufen zu Monikas und Michis Wohnung hoch.

Als er vor der Klingel steht, zögert er noch einmal.

Ja! Drück drauf, denkt Teddy Tom. Er ist aufgeregt und müde gleichzeitig.

Dann klingelt Daniel.

Ein klitschnasser Tag

Heute macht Deborah mit ihren Eltern Picknick am Fluss. Ihre Freundin Miriam ist auch dort. Sie hat ihre Puppe Indianersquaw dabei und Deborah hat ihre Puppe Sophie und ihren Teddy Brummel mitgenommen.

Aus einem süßen, kleinen Puppengeschirr trinken sie Kakao und essen kleine Kuchenstückchen und Apfelscheiben.

Auch die Puppe Indianersquaw, die Puppe Sophie und Teddy Brummel müssen so kräftig mitessen, dass Teddy Brummel mehrmals rülpsen muss und Sophie schon etwas schlecht ist und sie vielleicht schon ein bisschen Bauchweh hat.

Deborah hat jetzt beide Puppen auf dem Schoß. »Nimm mal Teddy Brummel«, fordert sie Miriam auf.

»Teddy Brummel nehm ich nicht«, antwortet Miriam.

»Warum denn nicht?«, fragt Deborah verblüfft.

»Sag ich nicht«, sagt Miriam.

Deborah setzt sofort beide Puppen zur Seite und nimmt Teddy Brummel auf den Schoß: »Das ist doch mein lieber Teddy Brummel«, sagt sie. »Fass ihn doch mal an.«

»Nein«, sagt Miriam.

»Wenigstens mit einem Finger«, schlägt Deborah vor.

Angeekelt stupst Miriam Teddy Brummel mit dem Zeigefinger an.

»Was ist denn los?«, fragt Deborah.

»Teddy Brummel ist so dreckig«, sagt Miriam, »und diese Flicken da!«

Deborah schaut Teddy Brummel von oben bis unten und von vorne und hinten an.

»Stimmt, er ist schmutzig«, stellt sie fest.

Aber nicht soo schlimm, denkt Teddy Brummel.

»Teddy Brummel muss gewaschen werden«, bestimmt Deborah.

»Find ich auch«, sagt Miriam.

Find ich gar nicht, denkt Teddy Brummel entsetzt.

Kurz entschlossen, geht Deborah mit Teddy Brummel zum Fluss und taucht ihn unter.

»Hilfe«, ruft Teddy Brummel noch lautlos, dann blubbert es nur noch aus seiner Schnauze und Luftblasen steigen aus seinem Fell auf.

Deborah zieht ihn hoch und rubbelt jetzt sein nasses Fell ab. »So«, sagt sie, »gewaschen!«

Teddy Brummel fühlt sich sehr, sehr nass und schrecklich schwer mit dem vielen Wasser in seinem Bauch.

»Willst du ihn noch mal waschen, Miriam?«, fragt Deborah.

Miriam krempelt die Ärmel hoch.

Sie greift nach Teddy Brummel und lässt ihn sofort wieder fallen.

»Pfui, der stinkt ja«, ruft sie.

Richtig stinken tut Teddy Brummel nicht, aber er riecht irgendwie komisch.

»Das Wasser im Fluss riecht halt so«, erklärt Papa.

Ist das alles schlimm für Teddy Brummel!

Er muss nass und schwer ganz allein im Kofferraum sitzen. Niemand scheint ihn mehr lieb zu haben. Teddy Brummel ist sehr traurig.

Zu Hause setzt man ihn in eine Wanne neben die Heizung. Und Teddy Brummel darf nicht abends neben Deborah im Bett liegen! Das ist ja das Allerschlimmste.

Es dauert Tage und Nächte, bis er trocken ist. Und danach riecht er immer noch komisch.

Erst liegt er bei Deborah im Arm, dann tut sie ihn neben das Kissen, dann liegt er auf ihrer Hüfte, schließlich am Fußende und zuallerletzt auf dem Boden neben dem Bett.

»Teddy Brummel, du riechst furchtbar nach Algen und Fischzeugs«, sagt Deborah. »wenn ich das rieche, kann ich nicht schlafen.«

Als ob Teddy Brummel irgendwas dafür kann!

»Du riechst wirklich ein bisschen komisch«, sagt Sophie.

»Du solltest noch mal richtig in der Badewanne gewaschen werden, mit Seife.«

Und genau dieser Meinung ist Mama auch.

Teddy Brummel wird noch mal mit Seife gewaschen, sitzt wieder tagelang nass und schwer in der Wanne neben der Heizung. Ihm geht es sehr schlecht.

Dann darf er endlich in Deborahs Arme.

»Gut getan hat das alles dem Fell gerade nicht«, sagt Deborah, »aber dafür hab ich dich umso mehr lieb.«

Und da geht es Teddy Brummel wieder gut.

In der Oper

Heute Abend ziehen sich Mama und Papa fein an und gehen in die Oper.

Deshalb kommt Inge, der Babysitter.

»Es kann spät werden«, sagt Mama.

»Ich hab genug zu lesen dabei«, meint Inge.

Als Leonie und David sich die Schlafanzüge anziehen, fragen sie: »Was ist eine Oper, Inge?«

»Ich war noch nie da«, sagt Inge, »aber ich glaube, es ist wie Kino oder Theater, nur dass alle singen und nicht reden. Und es geht immer um Liebe und um Leute, die andere betrügen«, lacht sie, »und oft um Könige und Grafen.«

»Ich muss mir noch die Zähne putzen«, singt David.

Inge kichert: »So was singen sie in der Oper natürlich nicht.«

Leonie will »Hast du dich schon gewaschen?« singen, aber vor lauter Lachen kommt nur Gequietsche aus ihr raus.

David lacht nicht: »Ich bin noch gar nicht mühüde«, singt er, »und ich brauche einen neuen, neuen, neuen Schlafanzug.«

»So was singen sie in der Oper natürlich auch nicht«, sagt Inge.

Leonie kreischt vor Lachen.

»So was wie dich können sie in der Oper aber gar nicht gebrauchen, Leonie«, sagt David.

»Nee, kreischen gibt's in der Oper nicht«, lacht Inge. Dann fängt sie auch an zu singen: »Gute Nahahacht, liebe Kinder«, singt sie.

Immer wieder singen und lachen Leonie und David, bis sie endlich eingeschlafen sind.

»Ich kann aber auch singen«, sagt Teddy, steht auf und schaut in den Mond: »Ich will endlich die Prinzessin befreien«, singt er.

»Wo ist sie denn?«, singt Schäfchen zurück.

»Hier bin ich, hier bin ich«, singt eine hohe Stimme.

Es ist die Puppe Anna.

»Meine liebe Prinzessin«, singt Teddy in den Mond hinein.

»Du musst doch die Prinzessin anschauen«, sagt Nilpferd Klops, »wenn du das singst.«

»Klops, warum singst du nicht mit?«, fragt Schäfchen.

»Ich brauche gar nicht zu singen«, sagt Nilpferd Klops, »weil ich der . . . der . . . Direktor der Oper bin, und ich bestimme alles.«

»Nee, ich will alles bestimmen«, sagt Schäfchen.

»Ich hab's zuerst gesagt«, sagt Nilpferd Klops, »du musst jetzt singen!«

Schäfchen fängt an so furchtbar zu heulen, dass Anna sich die Ohren zuhält.

»Halt! Du musst Worte singen«, bestimmt Nilpferd Klops.

»Welche Worte denn überhaupt«, sagt Schäfchen, »das Ganze ist doof.«

»Meine Prinzessin«, singt Teddy, »komm zu mir!«

»Ich kann nicht«, singt Anna, »weil dort ist ein Drache, der mich bewacht und den ich heiraten soll.«

Teddy schaut sich um: »Woho ist der Drache?«, singt er.

Nilpferd Klops gibt Schäfchen einen Tritt: »Du bist der Drache«, flüstert er.

»Was? Wie?«, fragt Schäfchen zuerst.

»Ich bin der fürchterliche Drache«, singt Schäfchen dann, »und niemals lasse ich Anna frei.«

»Dann werde ich mit dir kämpfen«, singt Teddy, springt von Leonies Bett, holt Davids Lineal und hüpft auf Davids Bett, wo Schäfchen ihn beißend empfängt.

Eine Weile kämpfen sie keuchend miteinander.

»Singen! Ihr müsst singen!«, befiehlt Nilpferd Klops.

»Hach!«, singt Teddy kämpfend.

»Da!«, singt Schäfchen. »Dahaha« – Vor Lachen kann es nicht weitermachen und Teddy bekommt einen Kicheranfall, so sehr, dass Anna anfängt zu lachen und Nilpferd Klops auch.

Hört einer mit dem Lachen auf, fängt der andere wieder glucksend an. Das dauert lange.

Endlich herrscht Ruhe im Kinderzimmer.

Alle, alle schlafen.

Oper hat was mit Lachen zu tun, das steht fest, denkt der Mond.

»Mama, wie war's in der Oper?«, fragt Leonie am nächsten Morgen.

»Also diese Oper war anstrengend – Papa hat sogar eine Weile geschlafen«, sagt Mama.

Bei uns war's schön, denken die Kuscheltiere.

Wer kommt mit auf die Reise?

Charlotte, Leon und ihre Eltern wollen verreisen. Ans Meer! Und wenn gepackt wird, ist das immer eine ganz schlimme Zeit für die Schmusetiere.

»Ich nehme aber mein Tigerchen und meine Kuschelente mit«, sagt Leon.

Seine Mama sagt dann: »Auf keinen Fall, wir zelten doch, Leon, deshalb haben wir überhaupt keinen Platz. Aber ein Kuscheltier darfst du mitnehmen.«

Doch Leon kann sich nicht entscheiden: »Ich hab doch beide gleich lieb und Tigerchen hat noch nie das Meer gesehen.«

»Aber zur Kuschelente gehört irgendwie Wasser«, meint Charlotte.

»Na gut, die Kuschelente kommt mit«, sagt Leon. »Aber ich setze sie dann auch ins Meer.«

»Schwimmen kann sie aber nicht«, meint Charlotte, »weil sie ist ja nicht wie das Badewannenentchen aus Plastik, sondern aus Plüsch.«

»Nicht dass sie wegkommt, das Geschrei will ich dann nicht hören«, ruft Mama.

Und wie geht das mit dem Verreisen bei Charlotte?

Charlotte sagt: »Ich nehme natürlich Ludwig mit.«

Ludwig ist ein ganz großer Kuschelteddy, auf dessen großem Bauch Charlotte manchmal einschläft und der von Mamas Freundin aus Amerika mitgebracht wurde.

Schon damals haben alle im Flugzeug geschaut, als der große Ludwig bei Mamas Freundin auf dem Schoß saß.

»Da kann ich nur lachen«, sagt Mama jetzt. »Ludwig! Der braucht ja fast alleine einen ganzen Sitz! Du machst dir nicht klar, wie viel Zeug wir im Auto für das Zelten mitnehmen müssen, Charlotte. Und stell dir vor: Ludwig nachts im Zelt: Da kann ja keiner mehr treten und schlafen auch nicht!«

Charlotte schaut sehr traurig aus.

»Dann muss ich hier bei Ludwig bleiben«, sagt sie, »schade!«

»So ein Blödsinn!«, schimpft Mama.

»Lasst mich einfach hier«, sagt Charlotte, »ich finde schon was zu essen.«

Gerade, bevor Mama einen Wutanfall kriegt, hat sie zum Glück noch eine gute Idee.

»Du schreibst Ludwig ab und zu eine Postkarte. Das macht doch Spaß!«

Charlotte überlegt: »Ja, das mach ich, aber ich schreibe ihm jeden Tag und du hilfst mir dabei, Mama.«

»Wie oft, das sehen wir dann schon«, meint Mama müde.

»Aber dann will ich Tigerchen auch schreiben«, ruft Leon.

»Wir schreiben beiden auf einer Karte«, sagt Mama.

»Aber wen nehme ich jetzt mit?«, überlegt Charlotte.

»Vielleicht deinen kleinen Maulwurf hier?«, schlägt Mama vor.

»Maulwürfe sind lieber im Dunklen, für den ist das Meer und der Sand nichts«, findet Charlotte, »wen dann?«

»Deine Puppe Nicole«, schlägt Mama jetzt vor, »die ist auch schön klein.«

»Nein, die macht sich nicht so gern mit Sand schmutzig«, sagt Charlotte.

»Dann nimm doch den kleinen Teddy Piccolo mit«, überlegt Leon.

»Ja, das ist eine gute Idee«, ruft Charlotte, »aber den musst du vorher noch nähen, Mama.«

»Meinetwegen«, sagt Mama.

Zu Papa sagt sie später: »Das ist wirklich das Anstrengendste an der ganzen Reise.«

»Was denn?«, fragt Papa verwundert.

»Diese Entscheidung, welches Schmusetier mitdarf«, sagt Mama.

Teddy spielt Pirat

»Ich brauch jetzt meinen Radiergummi«, sagt Philipp, »und du hattest ihn vorhin.«

»Ich weiß nicht, wo er ist«, sagt Jule und malt frech mit ihren Farbstiften einen Löwen, der sich mit einem Krokodil unterhält.

»Du hattest ihn aber«, sagt Philipp drohend, »und dann musst du ihn mir auch zurückgeben!«

»Ich weiß nicht, wo dein blöder Radiergummi ist«, antwortet Jule.

»Wer ihn hatte, muss ihn auch suchen«, schreit Philipp nun und knufft Jule.

»Such deinen doofen Radiergummi doch selber«, sagt Jule.

Da nimmt Philipp Jules Teddy und schleudert ihn Jule an den Kopf.

Jetzt wird auch Jule böse. Sie nimmt Teddy und schmeißt
ihn Philipp ins Gesicht. Philipp wirft ihn wieder zurück.
Jule lacht und so schmeißen sie Teddy hin und her.

Aber auf einmal passiert etwas: Irgendetwas ratscht an
Teddys Kopf und er verliert sein linkes Glasauge. Das
liegt jetzt unter der Kommode.

Jule merkt es als Erste. »Teddy hat nur noch ein Auge!«,
ruft sie.

»Das kann man wieder reinmachen«, tröstet sie Philipp,
»das macht der Puppendoktor ganz schnell.«

Aber jetzt bekommt Teddy erst mal eine Augenklappe an.

»Wie ein Pirat«, ruft Philipp, »Teddy sieht wie ein Pirat
aus!«

»Ich mach mir jetzt auch eine Piratenklappe um«, sagt

Philipp, »und dann kannst du was erleben, Jule!« Er holt sein Holzschwert.

Aber blitzschnell hat Jule ihr Lineal geholt.

Und jetzt kämpfen sie miteinander.

»Wir sind unerbittlich«, schreit Jule mit Piratenteddy im Arm, »wir werden siegen!«

»Ich werde dich, Piratenteddy und dein Schiff ins Meer versenken«, schreit Philipp, »und dann hol ich mir den Schatz.«

Jule denkt einen Moment nach: »Wo ist denn der Schatz?«, fragt sie.

»Na, auf deinem Schiff«, sagt Philipp.

Da springt Jule auf ihr Bett, deutet auf das Kissen und

schreit: »Diesen Schatz, der da unten liegt, bekommst du niemals!«

Philipp schleudert mit seinem Holzschwert das Kissen weg.

Darunter liegt fein säuberlich Jules gelbes Nachthemd.

»Dieses Nachthemd ist aus purem Gold«, ruft Jule, »das ist der Schatz!«

Leider bekommen beide einen Lachanfall und dann wird zu Abend gegessen und das Spiel ist zu Ende.

Wirklich? Nein, denn kaum sind Philipp und Jule eingeschlafen, spielen die Schmusetiere weiter. Philipps weißer Schlapphund ist der feindliche Pirat, der mit dem Teddy kämpfen muss.

»Hundekapitän, verschwinde hier«, ruft Teddy und hebt das Lineal, »auf diesem Meer bin ich der König!«

»Unerhört!«, ruft die Puppe Cora. »Der Teddypirat wird uns nie besiegen!«

Die Puppe Annegret stellt sich mit einem Bleistift vor Teddy hin: »Du kannst ruhig fliehen«, sagt sie, »du wirst dir noch vor Angst in die Hose machen!«

Teddypirat schaut an sich herunter: »Welche Hose?«, fragt er.

»Das sagt man so«, lacht die Puppe Cora.

»Bald werde ich euer Schiff besetzen und ihr werdet von Krokodilen gefressen«, ruft Teddypirat.

»Ich sehe hier kein Krokodil«, entgegnet ihm die Puppe Annegret ruhig.

»Aber den gefährlichsten Raben aller Zeiten«, ruft der Plüschrabe RaRa, »und ich stehe jetzt Teddypirat bei und ihr Weichtiere könnt nur noch fliehen . . .«

»Wir und weich – wir sind hart«, sagt die Puppe Cora.

Hundekapitän rast jetzt mit Philipps Holzschwert auf Teddypirat zu und es wird ein langer Kampf, in dem sich auch die Puppen gegen den Schnabel des Raben Ra-Ra heftig mit Bleistiften wehren.

Einmal kommt Philipps und Jules Mama kurz ins Kinderzimmer, um das Fenster zuzumachen – aber da ist wieder alles ganz ruhig.

Und nach zwei Tagen hat Teddy endlich wieder zwei Knopfaugen.

Teddy in der Badewanne

Fröhlich und mit roten Backen kommen Jule und Philipp mit Papa vom Jahrmarkt nach Hause.

»Das war vielleicht toll da«, erzählen sie Mama.

»Schau, wir haben Luftballons bekommen«, ruft Philipp, »die immer nach oben wollen.«

Die Luftballons kleben jetzt im Flur an der Decke.

»Jetzt aber ab in die Badewanne«, meint Mama. Sie lässt schon Wasser ein.

»Ich habe Teddy ein Babyherzchen mitgebracht«, sagt Jule und Teddy schaut ihr jetzt beim Baden zu.

Aber das geht schief, Teddy fällt vom Badewannenrand – plumps – ins Wasser!

Mama dreht sich um. »Was machst du denn da, Jule!«

Teddy geht gerade unter!

Schnell zieht Jule den triefnassen Teddy aus dem Wasser.

»Und wieso kann Teddy nicht schwimmen wie das Entchen da? Wie hat das Entchen schwimmen gelernt?«

»Dein Entchen hat Luft im Bauch, aber Teddy ist gestopft«, erklärt Mama. »In seinem Bauch ist was drin, das macht ihn schwer.«

Sie geht aus dem Zimmer, um Handtücher zu holen. Als sie zurückkommt, ruft sie entsetzt: »Wieso ist denn dein Rabe Ra-Ra jetzt auch noch pudelnass im Wasser, Philipp?«

»Ich wollte sehen, ob er Luft im Bauch hat. Aber hat er nicht«, lacht Philipp.

Die Kinder und die beiden Kuscheltiere steigen triefnass aus der Badewanne. Mit dem Handtuch werden

Jule und Philipp schnell trocken, aber Teddy und Ra-Ra bleiben sehr nass.

»Die müssen heute Nacht wohl auf der Heizung trocknen!«, meint Mama.

»Aber ohne Ra-Ra kann ich nicht schlafen«, beschwert sich Philipp.

»Und ich kann ohne Teddy gar nicht erst einschlafen«, behauptet Jule. »Ohne ihn gehe ich nämlich gar nicht erst ins Bett!«

»Ich weiß was, wir föhnen die Tiere einfach«, schlägt Philipp vor. »Dürfen sie danach wieder richtig ins Bett?«

»Ja, in Ordnung«, sagt Mama.

Dann werden die Kuscheltiere geföhnt. Das dauert ziemlich lange.

»Ihr wollt ja nur noch nicht ins Bett«, lacht Mama.
Endlich sind die beiden Schmusetiere nicht mehr ganz
so nass, aber noch nicht richtig trocken. Trotzdem dürfen sie neben Jule und Philipp im Bett liegen.

Mama wartet, bis die beiden eingeschlafen sind, dann
nimmt sie Teddy und Ra-Ra wieder weg und legt sie auf
die Heizung.

»Morgen musst du aber ganz früh aufstehen und sie den
Kindern noch vorm Aufwachen wieder hinlegen«, grinst
Papa.

»Ja, ja, das hab ich mir schon fest vorgenommen«, sagt
Mama.

Ein Teddy für Lele

Lisa und Inge stoßen sich an: »Der kommt schon wieder
mit seinem Teddy in den Kindergarten«, kichert Lisa.

»Der heißt nicht Teddy, sondern Brummbär«, lacht Inge.

Richtig, Rafael nennt seinen Teddy immer Brummbär.
Und oft zeigt er auch, warum: »Wenn man Brummbär
nach hinten biegt, dann brummt er!«

»Rafael, das wissen wir doch längst«, sagen die anderen
Kinder dann, »wie langweilig!«

»Aber Brummbär hat die tollste Brummstimme von allen Teddys«, sagt Rafael dann.

»Na und«, sagen die Kinder

Kein anderer hier bringt sein Kuscheltier mit in den

Kindergarten, nur Rafael bringt seinen Brummbär immer mit. Und das jeden Tag. Und niemand darf Brummbär anfassen. Die anderen Kinder haben schon längst aufgehört, aus Spaß Rafael seinen Brummbär wegzunehmen.

»Das ist vielleicht albern«, sagen Lisa und Inge, »seinen Teddy immer mitzunehmen.«

Brummbär sitzt neben Rafael, wenn er spielt oder sein Müsli isst. Redet Rafael womöglich noch mit Brummbär? Ganz leise? Also: Niemand spielt so richtig gerne mit Rafael, weil der so komisch ist mit seinem Teddy. Und weil Rafael auch gar nicht richtig lustig ist.

Eines Tages passiert etwas. Ein neues Kind kommt in den Kindergarten. Ein dunkles afrikanisches Kind, das ganz dünn ist.

Dieser Junge heißt Lele und alle haben Mitleid mit ihm.

»In seinem Land haben sich wenig um ihn gekümmert und er hatte nicht viel zu essen«, sagt die Kindergärtnerin, »deshalb sagt er nichts und er muss ja unsere Sprache erst noch lernen.«

Aber ab einem ganz bestimmten Tag sieht Lele nicht mehr so ängstlich aus. Seitdem er nämlich Rafaels Teddy im Arm hat. Ja, Lele lässt Brummbär den ganzen Tag nicht mehr los.

Erst abends gibt er Rafael Brummbär zurück. Und morgens, wenn er in den Kindergarten kommt, reicht Rafael
Lele sofort Brummbär hin.

»Warum machst du das?«, fragt Inge.

»Lele braucht Brummbär doch viel mehr als ich«, sagt
Rafael.

Und seitdem spielen alle gern mit Rafael.

Und mit Lele spielen sie auch. Mit Lele, der Brummbär
im Arm hat.

Mamas Teddy

»Schaut mal«, sagt Mama, »dieser Teddy ist mal mein lieber Teddy gewesen, als ich klein war. Und er ist immer noch mein Teddy. Aber jetzt gebe ich ihn euch zum Spielen.«

»Wo war er denn die ganze Zeit?«, fragt Luise.

»Ich habe ihn ganz hinten in meinem Schrank für euch aufgehoben.«

»Stimmt! Beim Versteckspielen habe ich ihn dort mal gefühlt«, lacht Jenny, »es war so dunkel in dem Schrank, ich wusste nicht genau, was das war.«

»Dein Teddy sieht ein bisschen anders aus als unsere Teddys«, stellt Luise fest, »die Nase ist spitzer.«

»Er sieht mehr nach Bär aus«, meint Mama.

»Ich finde ihn ganz lieb«, sagt Jenny.

»Ich hab ihn immer sehr lieb gehabt«, lacht Mama, »und

weil ich euch noch viel lieber hab, dürft ihr von jetzt an mit ihm spielen.«

Am Nachmittag nehmen Luise und Jenny Mamas Teddy gleich mit zum Spielplatz.

Dort dürfen sie schon alleine hingehen, weil der Spielplatz gleich um die Ecke und keine Straße dazwischen ist.

»Ich geh jetzt rutschen mit dem Mama-Teddy«, ruft Jenny Luise zu.

»Das wollt ich gerade tun«, mault Luise.

»Du kannst ja erst mal schaukeln«, antwortet Jenny.

Jenny klettert auf die Rutsche und rutscht mit Mamas

schönem, großem Teddy auf dem Schoß runter. Da kommt Ruth angelaufen, eine Freundin, die im Nebenhaus wohnt.

»Das ist aber ein toller Teddy«, sagt Ruth. »Darf ich ihn mal halten? Der ist so richtig schön schwer.«

Jenny gibt Ruth den Teddy, dreht sich um und sucht Luise.

Endlich findet sie Luise im Sandkasten. Doch als die beiden zur Rutsche kommen, ist auf einmal kein Mama-Teddy mehr da und Ruth ist auch verschwunden.

»Mamas Teddy! Den darfst du doch nicht weggeben, Jenny!«, erschrickt Luise.

»Wo kann Ruth nur sein?«, wundert sich Jenny. »Ja, da ist sie, auf dem Klettergerüst ganz unten.«

»Sebastian hat euren Teddy«, ruft Ruth den beiden zu.

»Und wo ist Sebastian?«, fragt Jenny.

»Er ist zusammen mit Achim oben auf dem Klettergerüst«, antwortet Ruth.

Oje, ganz oben auf dem Klettergerüst, denkt Luise. Dort wo sie nie hinklettert, weil ihr so schnell schwindlig wird.

Aber jetzt fängt sie an zu klettern. Sie muss Mamas Teddy retten.

»Gebt sofort den Teddy her«, ruft Jenny hoch, »der gehört meiner Mama!«

»Der Teddy ist jetzt mein Kissen«, ruft Sebastian und setzt sich auf den Mama-Teddy.

»Ich krieg den jetzt«, sagt Achim und zerrt Mamas Teddy unter Sebastians Po hervor.

Mamas lieber Teddy! Der ist doch gar nicht mehr neu! Wenn der jetzt kaputtgeht!, denkt Luise. Entschlossen klettert sie das Gerüst hoch, obwohl ihr schon schwindlig ist.

Oben kämpfen Sebastian und Achim weiter um den Teddy.

Bloß nicht nach unten sehen, sagt sich Luise.

Und dann ist sie ganz nah bei Achim, als dieser aus Versehen auf Luises Hand tritt. Luise lässt sofort los und – fällt das Gerüst herunter.

Vor lauter Schreck weint sie, aber zum Glück ist sie in den weichen Sand gefallen und nichts Schlimmes passiert.

Jenny hat sofort Mama geholt. Sie findet eine heulende Luise, deren Knöchel ein ganz kleines bisschen wehtut, und ihren Teddy, der etwas schlimmer aussieht: An zwei Stellen muss er geflickt werden.

»Es tut mir so Leid, Mama«, sagt Jenny.

»Und ich wollte ihn doch retten«, sagt Luise mit Tränen in den Augen.

»Der Teddy kommt jetzt mal wieder in den Schrank«, bestimmt Mama.

»Und ihr zwei kommt mit nach Hause. Da trinken wir eine heiße Tasse Kakao und dann sieht die Welt schon wieder besser aus.«

Aber als dann Weihnachten ist, sitzt der Mama-Teddy auf einmal doch wieder da – mitten unter dem Weihnachtsbaum. Und er ist repariert und sieht wieder richtig schön aus.
»Von nun an passt ihr aber besser auf ihn auf«, lächelt Mama den beiden Mädchen zu.

Ein neues Kleid für Sophie

Utes Freundin Clara ist zu Besuch. Sie hat ihre Indianerpuppe Lena mitgebracht und ihren kleinen Teddy
Plüsch-Plüsch.

»Indianerpuppe Lena hat so ein schönes Kleid an«, sagt
Ute, »kann ich es mal Sophie anziehen?« Sophie ist Utes
Puppe.

Sie tauschen die Puppenkleider.

»Sophie sieht auch toll aus in Indianerpuppe Lenas
Kleid«, meint Ute, »irgendwie wie eine Prinzessin.«

»Aber Indianerpuppe Lena sieht blöd aus in Sophies
Kleid«, sagt Clara, »das ist so komisch grün und die
Schürze dazu find ich nicht so gut.«

Dann ziehen sie Utes Teddy das Kleid von Sophie an, aber es passt nicht.

»Teddy ist zu dick!«, meint Ute. »Er muss unbedingt abnehmen. Er darf jetzt nicht mehr andauernd Vanillepudding essen!«

Sie kramen in Utes Schublade und finden für Teddy noch ein T-Shirt mit Sternen darauf und eine Rüschchen-Hose. Jetzt sieht Teddy vielleicht albern aus! Beide Kinder lachen laut los.

»Schau mal, Teddy ist jetzt sicher beleidigt, er tut so, als ob er nichts merkt«, lächelt Ute.

Und nun bekommt Claras kleiner Teddy Plüsch-Plüsch eine Babyhose von Ute angezogen, aber sie schlabbert ihm um den ganzen Körper.

»Plüsch-Plüsch könnte aber noch viel Vanillepudding essen«, kichert Clara.

»Kommt, Kinder, wir fahren einkaufen«, ruft Mama, »ihr dürft euch auch was kaufen!«

»Vanillepudding?«, fragt Clara.

»Vanilleeis!«, lacht Ute. »Aber unsere Puppen und Teddys dürfen mit.«

Schnell zieht Clara Indianerpuppe Lena noch ihr Kleid an und dann geht es los.

Und so kommt es, dass die Puppe Sophie völlig nackt beim Einkaufen dabei ist.

»Also, so gefällt mir Sophie nun auch wieder nicht«, meint Ute.

»Wenn ihr mich gleich nach Hause fahrt, leih ich dir ein Kleid von Indianerpuppe Lena«, schlägt Clara vor, »damit Sophie nicht die ganze Zeit friert.«

Zu Hause bei Clara schauen sie alle Puppenkleider von Indianerpuppe Lena durch.

»Aber in allen Kleidern sieht Sophie komisch aus«, findet Ute, »in dem roten mit den schwarzen Streifen, in dem hellblauen mit den Kreisen drauf, und in dem gelben sieht sie ganz blass aus.«

Sie sieht damit eben nicht aus wie meine Sophie, denkt Ute.

»Schau mal, Sophie ist jetzt krank«, lacht Clara. Sie hat

die Masern. Clara tupft mit Buntstift auf Sophies Körper lauter rote Flecken. »Das ist aber gemein«, findet Ute, »das mache ich bei Indianerpuppe Lena ja auch nicht!«

»Indianer bekommen sowieso keine Masern«, behauptet Clara.

»Bekommen sie wohl!«, ruft Ute. »Alle Menschen auf der Welt bekommen dieselben Krankheiten.«

»Aber nicht meine Indianerpuppe!«, schreit Clara.

»So toll ist deine Indianerpuppe Lena nun auch wieder nicht«, sagt Ute.

Und so kommt es, dass Ute und Clara verzankt auseinander gehen. Und die Puppe Sophie ist immer noch nackt.

Aber schon nach dem Abendessen ruft Ute Clara an: »Hilfst du mir morgen bei meinem großen Bodenpuzzle?«

»Ja«, sagt Clara, »haben wir uns jetzt wieder vertragen?«

»Na klar«, antwortet Ute.

Dann zieht Ute Sophie alle möglichen Sachen an, aber nichts gefällt ihr so richtig. Nur das grüne Kleid mit der Schürze, das Sophie ja schon immer anhatte, das zieht sie Sophie wieder an, denn das gefällt ihr.

Und Sophie gefällt es auch.

Und was ist mit Teddy?

Ja, der hat noch tagelang das Sternen-T-Shirt mit der albernen Rüschchen-Hose an.